FEEDBACK GEVEN EN ONTVANGEN

De essentie van het geven en ontvangen van opbouwende kritiek

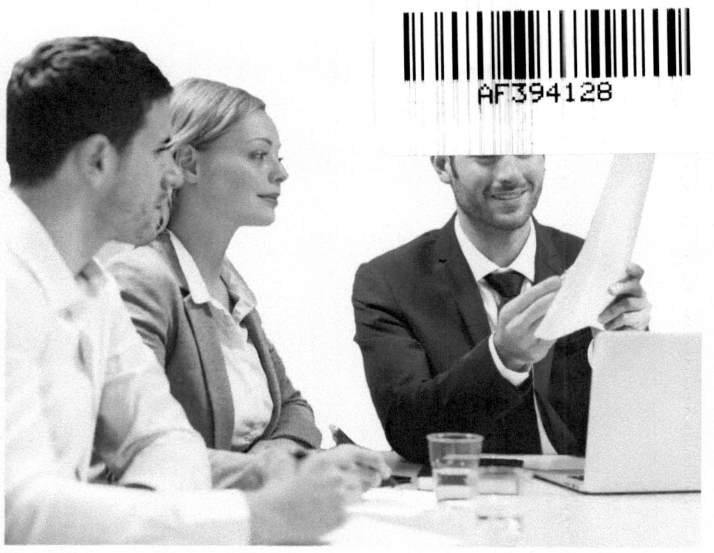

FEEDBACK GEVEN EN ONTVANGEN

De essentie van het geven en ontvangen van opbouwende kritiek

geschreven door Véronique Bronckart
vertaald door Nikki Claes

50MINUTES.com

FEEDBACK GEVEN EN ONTVANGEN

- **Problemen?** Kritiek aanvaarden is niet altijd gemakkelijk, net zo als weten hoe die te geven zonder de persoon te kwetsen of te beledigen. Welke technieken moeten worden gebruikt om doeltreffende en constructieve feedback te geven? Hoe haal je het beste uit kritiek?

- **Waarom is het belangrijk?** Feedback is essentieel voor u en uw werknemers, omdat het de ontvanger in staat stelt gedrag te ontwikkelen, te handhaven of te corrigeren om een bepaald doel te bereiken.

- **Professionele context?** Team management, interpersoonlijke vaardigheden, persoonlijke ontwikkeling.

- **FAQ**
  - Wat is feedback?
  - Wanneer moet ik feedback geven?
  - Welke toon moet ik aanslaan om ervoor te zorgen dat mijn feedback goed wordt ontvangen?
  - Wat zijn de te volgen stappen?
  - Wat is het verschil tussen feedback en oordeel?
  - Welke fouten mag je niet maken?
  - Ik vind het moeilijk om kritiek te aanvaarden, hoe kan ik goede feedback krijgen?
  - De betrokkene is erg gevoelig, dus hoe krijg je hem zover dat hij de feedback accepteert?

- Hoe weet ik zeker dat mijn feedback effectief is geweest?
- Kunnen alle onderwerpen in een feedback worden behandeld?

In een maatschappij waarin we het steeds meer over efficiëntie en ontwikkeling hebben, is het essentieel om te kunnen profiteren van feedback op ons werk om onze sterke punten, onze zwakke punten of gewoon onze marge voor verbetering te beseffen. Maar als feedback geen deel uitmaakt van de gewoonten van het bedrijf waarin u werkt, hoe kunt u dan een werknemer of collega duidelijk maken dat zijn of haar houding of werkwijze niet voldoet, zonder hem of haar te kwetsen? Hoe feliciteer je iemand zonder dat hij daarna op zijn lauweren gaat rusten? Hoe accepteer je kritiek van anderen op een constructieve manier? Verhelp deze situatie en introduceer deze praktijk in uw professionele omgeving! Maar wat is feedback precies?

In 50 minuten nodigt dit boekje u uit om de gouden regels te ontdekken voor het geven en ontvangen van constructieve feedback, om er een professioneel coaching- en motivatie-instrument van te maken. Aangezien feedback over prestaties werknemers helpt zich te verbeteren en perspectieven biedt voor ontwikkeling, moet u gebruik maken van al onze tips om dit type uitwisseling optimaal te benutten.

DE GRONDBEGINSELEN VAN EFFECTIEVE FEEDBACK

WAT IS FEEDBACK?

Wat is feedback?

 **TERMINOLOGIE**

Van de Engelse woorden *"feed"* en *"back"* betekent deze term "feedback". Volgens de Larousse is het een "proces [...] gericht op het uitlokken van een corrigerende actie in tegenovergestelde richting". Dit maakt het mogelijk de sterke en zwakke punten die zich op een bepaald moment hebben voorgedaan en de mogelijke wegen voor verbetering te belichten.

Feedback is een verslag aan een persoon of een groep mensen over een uitgevoerd project, een op een bepaald moment uitgevoerde actie. Het doel van deze feedback is toekomstige acties te beïnvloeden door bepaalde details aan te passen of de reikwijdte ervan te versterken. Met feedback kan een leidinggevende zijn of haar erkenning uitspreken voor een werknemer of een team: het is een gelegenheid om iemand te feliciteren met het geleverde werk. Er zijn twee manieren om feedback te geven:

- verbaal, door duidelijk hun mening te geven. Dit wordt "directe feedback" genoemd;

- non-verbaal, door een gebaar of een stilte. Dit is gewoon "indirecte feedback" die het gedrag van de ander goedkeurt.

Wil feedback effectief zijn, dan moet deze onmiddellijk en regelmatig na de gebeurtenis worden gegeven, waarbij een zekere neutraliteit moet worden gehandhaafd. Het kan het beste van aangezicht tot aangezicht op een rustige plaats gebeuren. Feedback mag nooit worden gebruikt om te oordelen of om te proberen de aard van de persoon te veranderen, omdat dit de persoon kan beledigen en/of verdedigen. Feedback is geen kritiek of straf! Het gaat er niet om het ongenoegen op een gewelddadige manier te uiten; het doel van het proces is de betrokkene bewust te maken van zijn of haar fouten, van de ruimte voor verbetering of van de verwachtingen die aan hem of haar worden gesteld.

Feedback zal altijd feitelijk zijn om iemand te helpen zijn vaardigheden, gedrag en dus zijn prestaties te verbeteren. Het moet daarom vergezeld gaan van duidelijke en precieze doelstellingen die moeten worden bereikt, zodat de persoon begrijpt waarom hij zijn aanpak moet veranderen of zijn vaardigheden op een bepaald gebied moet versterken.

De vier soorten feedback

We kunnen vier soorten feedback onderscheiden, die niet allemaal hetzelfde effect hebben op degene die ze ontvangt. Versterkende en corrigerende feedback wordt aanbevolen, terwijl vleiende en provocerende feedback moet worden vermeden.

- **Versterkende feedback** (positief en specifiek): acties worden geprezen en de persoon wordt aangemoedigd om door te gaan op de ingeslagen weg. Het verhoogt het gevoel van eigenwaarde en moedigt de persoon aan het gedrag voort te zetten.

> *Voorbeeld*
> *"Luc, ik waardeer dat je dit dossier als een prioriteit beschouwt. Het moet deze week worden afgerond en zonder uw medewerking lukt dat niet! Blijf dit soort initiatieven nemen.*

- **Corrigerende of constructieve feedback** (negatief en specifiek): acties worden op een positieve manier bekritiseerd zodat ze geoptimaliseerd worden. Het houdt het gevoel van eigenwaarde in stand en stimuleert gedragsverbetering.

> ***Voorbeeld***
> *"Elise, ik heb gemerkt dat je deze maand drie keer te laat bent gekomen. Aangezien deze vertragingen telkens 10 tot 15 minuten bedragen, denk ik dat u gemakkelijk een oplossing kunt vinden om dit te verhelpen.*

- **Vleiende feedback** (positief en algemeenheid opwekkend): deze wordt op elk moment en zonder reden gegeven. Het wekt wantrouwen en verlaagt het gevoel van eigenwaarde. De persoon zal zich ergens schuldig voor voelen.

> *Voorbeeld*
> *"Tom, je bent de beste! Ik weet dat ik altijd op je kan rekenen.*

- **Provocerende feedback** (negatief en niet specifiek): dit is meer een oordeel dan feedback. Het vermindert het gevoel van eigenwaarde enorm en kan blokkades veroorzaken.

> ***Voorbeeld***
> *"Ik heb mezelf altijd gezegd dat ik je niet kon vertrouwen, en dat bewijs ik vandaag opnieuw. Je zuigt!"*

De doeltreffendheid van feedback

Feedback is een essentieel instrument als men zich via geleidelijke aanpassingen wil ontwikkelen en de gestelde doelen wil bereiken. Het is een instrument voor communicatie, meting en controle van de prestaties. Het stelt ons in staat te weten waar we staan, of we het goed of slecht doen in een situatie. Ook wordt gewezen op de punten die moeten worden verbeterd om mislukking te voorkomen.

Om optimaal feedback te kunnen geven, is het noodzakelijk om:

- waarschuw de persoon om zich voor te bereiden op uw feedback;

- Blijf bij de feiten en beschrijf de ondernomen acties en/of het waargenomen gedrag;

- de gevolgen van het laatste verklaren;

- de persoon vragen op dezelfde manier te blijven handelen, in het geval van versterkende feedback. Dit zorgt ervoor dat de houding wordt voortgezet;

- niet om hen veranderingen op te leggen, in het geval van corrigerende feedback, maar om hen voor te stellen zelf een oplossing te vinden.

Positieve feedback bevredigt de behoefte van uw gesprekspartner aan erkenning en saamhorigheid. Het zal hen motiveren om door te gaan op de positieve weg. Zoals vermeld in de piramide van Maslow (Amerikaans psycholoog, 1908-1970) zijn de basisbehoeften van de mens gerangschikt in volgorde van belangrijkheid. Volgens deze logica moet de behoefte onderaan de piramide worden bevredigd om naar het volgende niveau te gaan.

Gebaseerd op deze draad, is positieve feedback een echt motivatiemiddel. Als we de behoeftepiramide bekijken, zien we dat erkenning en waardering van vaardigheden een onmiskenbare drijfveer is voor motivatie. Zonder deze erkenning voelt het individu steeds minder behoefte om zich in te spannen, en raakt het geleidelijk gedemotiveerd. Aan de andere kant, als de betrokkenheid van het individu duidelijk wordt vastgesteld en opgemerkt, zal hij of zij geneigd zijn te denken dat zijn of haar inspanningen de moeite waard zijn en dat het de moeite waard is om op deze weg verder te gaan.

DE KUNST VAN HET GEVEN VAN CONSTRUCTIEVE FEEDBACK

De voorbereiding

Voordat feedback gegeven kan worden, moet men het eens worden over het juiste tijdstip en de juiste plaats om de feedback te geven.

- **De juiste tijd.** Het is raadzaam het gesprek met de betrokken werknemers zo snel mogelijk na het bekend worden van de feiten aan te gaan, zodat de feedback zinvol is en het gewenste effect heeft. Als de feedback drie maanden later wordt gegeven, is deze waarschijnlijk niet doeltreffend: de betrokkene is waarschijnlijk vergeten waar het om gaat en zal uw uitleg niet begrijpen.

- **De juiste plaats.** Het is ook heel belangrijk om de juiste plaats te kiezen. Het is noch voor u noch voor de persoon met wie u praat gemakkelijk om feedback te krijgen tijdens een maaltijd met collega's of voor de koffieautomaat tijdens een pauze. Plan een ontmoeting met de betrokkene op een specifiek tijdstip op een neutrale plaats. Vertel het hun van tevoren, zodat ze niet verrast worden en niet in het defensief schieten.

Richt u bovendien rechtstreeks tot de betrokkene, d.w.z. gebruik geen tussenpersoon (bv. een collega of teamleider) om feedback te geven, want die kan vervormen wat u zegt of helemaal niet communiceren. Ga niet af op de woorden van anderen en zorg ervoor dat de persoon met wie u praat, de persoon is die de handeling waarover u praat, heeft verricht.

TE VERMIJDEN

- Feedback geven voor een groep mensen die niet bij de feiten betrokken zijn.
- Wacht tot de jaarvergadering om feedback te geven.
- Onmiddellijk feedback geven, zonder de tijd te nemen om het uit te leggen of naar de ander te luisteren.

De situatie aangeven

De eerste stap in effectieve feedback is een gedetailleerde beschrijving van de context waarin de feiten werden waargenomen. Het is noodzakelijk de andere persoon duidelijk en concreet te herinneren aan de situatie waarin het gedrag of de handeling werd waargenomen. Zorg ervoor dat ze onthouden en begrijpen waar je het over hebt.

Als u zegt: "Deze maandagmiddag, tijdens de vergadering met leverancier Durant, merkte ik dat…", zal de gesprekspartner onmiddellijk herkennen waarnaar u verwijst en aandachtig luisteren. Terwijl als je begint met: "Tijdens de vergadering merkte ik dat…", uw gesprekspartner zal moeten nadenken om zich de vergadering waarover u spreekt te herinneren en zal slechts met één oor luisteren.

De aan te nemen houding

Feedback is altijd een analyse van een gedrag of handeling en is niet veroordelend. Wees zo neutraal en empathisch mogelijk. Uit uw ontevredenheid niet op een impulsieve of agressieve manier, want dat kan de situatie verergeren. Als u uw standpunt, dat gebaseerd moet zijn op onweerlegbare feiten, objectief blijft verwoorden, zal de ander er meer voor openstaan en de feedback eerder toejuichen. Het gebruik van zuiver beschrijvende taal zal uw interview vergemakkelijken.

Laat uw gesprekspartner zien dat u hem wilt helpen en niet straffen. De feedback mag geen monoloog zijn, dus luister naar de persoon: laat hem zich uitdrukken en zijn uitleg, zijn mening en zijn gevoelens over de situatie geven.

Probeer ten slotte concrete en realistische manieren te vinden om samen te verbeteren. Door de discussie aan te moedigen en uw gesprekspartner erbij te betrekken, zal hij of zij zich minder bedreigd voelen en zich bewust worden van de veranderingen die moeten worden doorgevoerd. Als u tegen hen zegt: "Ik merk al een tijdje dat uw dossiers niet meer gearchiveerd zijn en verloren gaan. Kun je me vertellen wat je gaat doen om dit probleem op te lossen", dan zal de persoon ontvankelijker zijn en zijn gedrag waarschijnlijk veranderen dan wanneer je hem aanvalt met zinnen als "Je hebt je dossiers echt niet op orde, het irriteert me!

De boodschap overbrengen

Geef uw feedback niet uit het niets, maar begin met een korte inleiding zoals "mag ik met u delen…" om de betrokkene te betrekken.

Houd uw boodschap kort, duidelijk en to the point. Het is geen kwestie van filosoferen over het hoe en waarom. Vermijd een te lange uitleg en baseer deze bijvoorbeeld op andere vergelijkbare ervaringen die u hebt gehad. Herinner de feiten in eenvoudige en nauwkeurige bewoordingen, op een kalme en niet-agressieve manier. Het gaat er vooral om het waargenomen gedrag (positief of negatief) en de gevolgen ervan te beschrijven.

Zorg ervoor dat uw boodschap duidelijk wordt begrepen door de persoon met wie u spreekt, zodat er geen misverstanden ontstaan. Sluit je toespraak af:

- door je gesprekspartner aan te moedigen, in het geval van corrigerende feedback;

- door het geven van lof, als het om versterkende feedback gaat.

Bepaal een duidelijk doel

Leg de persoon uit welke gevolgen zijn gedrag voor u of het bedrijf heeft gehad. Het doel is niet om hen een schuldgevoel aan te praten, maar om hen bewust te maken van hun daden en de gevolgen daarvan om hen aan te moedigen zich te verbeteren. Stel een duidelijk doel en zorg ervoor dat de persoon met wie u praat uw verwachtingen en de nieuwe uitdagingen heeft begrepen. Anders begrijpen zij de waarde van verandering misschien niet. Geef hen de gelegenheid om suggesties voor verbetering te doen. Als ze er geen hebben, bespreek ze dan en beslis samen over de te nemen maatregelen. Bekrachtig dan de gezamenlijk genomen beslissingen en toon opnieuw uw steun.

> **Voorbeeld**
>
> *"Vanaf nu proef je je sauzen voordat je ze serveert in de eetzaal om er zeker van te zijn dat ze niet te zout zijn. Ik vertrouw u, ik weet dat u uitstekende gerechten kunt maken, zoals we al geproefd hebben."*

Voortgangscontrole

De aanpak die feedback ondersteunt, is gericht op de lange termijn. Het is inderdaad waarschijnlijk dat de persoon met wie u praat tijd nodig heeft om echt beter te worden: u moet geduld hebben. Controleer daarom na je interview het effect ervan. Ziet u een positieve verandering in het gedrag van de persoon met wie u praat? Als het antwoord "nee" is, controleer dan of zij uw boodschap hebben begrepen en vraag hen zo nodig opnieuw actie te ondernemen om te verbeteren.

 ## WERKGEVER KNIPOOGT

Trends tonen aan dat werkgevers feedback eerder gebruiken om kritiek te geven. Het is echter even belangrijk om werknemers te prijzen wanneer zij dat verdienen en hen aan te moedigen op de goede weg voort te gaan.

Niet te maken fouten

Het is niet gemakkelijk om effectieve, productieve en welkome feedback te geven. In de meeste gevallen zijn we bang ons slecht te uiten, dat onze mening verkeerd wordt geïnterpreteerd en als een verwijt wordt beschouwd. We zijn ook bang om dingen te zeggen waar we later spijt van zouden kunnen krijgen en die onze professionele relaties zouden kunnen bezoedelen.

DE KUNST VAN HET ONTVANGEN EN AANVAARDEN VAN FEEDBACK

Hoewel de neiging bestaat de persoon die de feedback geeft de schuld te geven van de doeltreffendheid ervan, is het even belangrijk dat de persoon die de feedback ontvangt bereid is deze te horen, te begrijpen en te aanvaarden. Kritiek wordt zelden goed geaccepteerd, vaak vanwege een gebrek aan zelfvertrouwen. Voor een zo constructief mogelijk gesprek is het noodzakelijk dat de ontvanger niet dichtklapt en actief luistert.

Tips

- Wees ontvankelijk en sta open voor positieve feedback. Vermijd te snel te oordelen en kritiek persoonlijk op te vatten. Concentreer u op wat er wordt gezegd, geef de persoon de tijd om af te maken wat hij te zeggen heeft.

- Luister goed om het hele plaatje te begrijpen en breng vervolgens nuances en verbeteringen aar.

- Het is niet nodig om defensief te worden of alles te rechtvaardigen. Zelfs als er onenigheid bestaat over de ontvangen feedback, is het beter om alleen die informatie te vermelden die u noodzakelijk acht. Dit voorkomt dat er een dialoog blijft bestaan waarin iedereen probeert uit te zoeken wie er gelijk of onge- lijk heeft.

- Zorg ervoor dat je alles begrijpt. Vraag zo nodig om verduidelijking, zodat u niet verkeerd interpreteert wat er wordt gezegd. De persoon die u feedback geeft, zal waarderen hoe serieus u de situatie neemt.

- Als de kritiek onterecht is, aarzel dan niet om dat op een rustige manier te zeggen. Probeer je punt over te brengen zonder defensief te worden.

- Neem een stap terug om te voorkomen dat je "onmid- dellijk" reageert. Leg uit dat je tijd nodig hebt om na te denken.

- Ook al voel je je tijdens de feedback aangevallen, overdrijf niet, want dat maakt de situatie alleen maar erger. Probeer te begrijpen waar de ander vandaan komt. Als zij het op sommige punten mis hebben – niemand is perfect – kan jij het ook mis hebben.

- Als u van nature gevoelig bent, bedenk dan dat feed- back bedoeld is om u vooruit te helpen, om u te ver- beteren. Het ontvangen van kritiek betekent niet dat je gefaald hebt, maar eerder dat je het potentieel hebt om verder te gaan.

De Johari-matrix

Als feedback wordt gehoord en aanvaard, kan het veel voordelen opleveren, te beginnen met een beter begrip van onszelf. We hebben slechts een gedeeltelijk beeld van onszelf, dat gelukkig kan worden aangevuld door de mensen om ons heen. Door kritiek van hen te ontvangen, kunt u uw fouten en kwaliteiten beter in beeld brengen. Op lange termijn zal dit je zelfvertrouwen vergroten.

In 1955 gecreëerd door Joseph Luft (1916-2014) en Harrington Ingham (1914-1995), twee Amerikaanse psychologen, is het Johari-venster een hulpmiddel om de kennis te illustreren die wij van onszelf hebben en die anderen van ons hebben.

Door feedback over je blinde vlek te accepteren, ontdek je zwakke (en sterke) punten waarvan je je misschien niet eerder bewust was en kun je deze aanpakken (of versterken) om vooruitgang te boeken. U kunt ook de openbare ruimte uitbreiden, wat de communicatie met anderen vergemakkelijkt.

 ## WERKNEMER KNIPOOGT

Neem de tijd om te onderscheiden wat je te horen krijgt, en zie feedback als een middel om je te helpen groeien, niet als een veroordeling!

TOP TIPS

DE 12 GOUDEN REGELS

- Creëer een klimaat van vertrouwen door de betrokkene gerust te stellen. Maak hen duidelijk dat de feedback bedoeld is om hen te helpen, niet om hen te straffen.

- Blijf neutraal en niet oordelend.

- Ban negatieve en agressieve houdingen uit.

- Ga in etappes te werk: inleiding, uitleg van de betrokken feiten, uitwisseling, ontstaan van oplossingen.

- Pas uw feedback aan aan de persoon met wie u praat en zijn persoonlijkheid, zodat hij er baat bij heeft.

- Vermijd een overdaad aan informatie, blijf bij het essentiële!

- Heb een duidelijke en precieze boodschap.

- Controleer of de boodschap en het doel worden begrepen.

- Verwijs naar de actie of de feiten, niet naar de persoon.

- Luister en praat met de persoon met wie je praat.

- Overeenstemming over aan te brengen verbeteringen.

- Zoek een positieve conclusie, inclusief aanmoediging en geruststelling dat je vertrouwen hebt in de gevonden oplossingen.

FAQ

WAT IS FEEDBACK?

Feedback is de evaluatie van iemands gedrag of actie, gegeven met het doel dit te veranderen of te handhaven. Feedback is niet oordelend. Het kan positief of negatief zijn – zolang de kritiek opbouwend blijft – en verbaal of non-verbaal.

WANNEER MOET IK FEEDBACK GEVEN?

Feedback moet zo snel mogelijk achteraf worden gegeven om efficiënter te zijn. Als u een maand of langer na de acties feedback geeft, kan de persoon met wie u praat zich sommige van de details die hem worden verweten niet herinneren, en begrijpt hij misschien niet waarom u het hem vertelt. Het is ook niet nodig om te wachten tot een incidenteel gedrag de moeite waard is om onder de aandacht te brengen. Feedback is namelijk ook een zeer goed middel voor erkenning en kan op elk moment worden gegeven om uw personeel aan te moedigen.

WELKE TOON MOET IK AANSLAAN OM ERVOOR TE ZORGEN DAT MIJN FEEDBACK GOED WORDT ONTVANGEN?

Gebruik een neutrale, maar empathische toon. Als u te familiair bent, neemt de ander uw opmerkingen misschien niet serieus. Probeer echter ook niet te hard te zijn, anders kunnen uw opmerkingen negatief worden opgevat.

WAT ZIJN DE TE VOLGEN STAPPEN?

Om ervoor te zorgen dat uw feedback constructief is, moet u deze eerst voorbereiden: informeer de betrokkene en spreek een tijdstip met hem af. Schep tijdens het gesprek een klimaat van vertrouwen, leg de feiten uit, vraag naar hun mening en hun gevoelens, zodat zij zich betrokken voelen. Probeer tenslotte samen oplossingen voor verbetering te vinden. Vergeet niet de gesprekspartner gerust te stellen: feedback mag geen bron van ongemak of angst worden.

WAT IS HET VERSCHIL TUSSEN FEEDBACK EN OORDEEL?

Feedback is gebaseerd op een handeling of gedrag en stelt de persoonlijkheid van de betrokkene niet ter discussie. Het mag geen negatieve invloed hebben op het gevoel van eigenwaarde of zelfvertrouwen, noch op de motivatie en doeltreffendheid van de persoon aan wie het wordt gegeven. Het doel van feedback is verdere verbetering aan te moedigen. Een oordeel daarentegen is een beoordeling, een mening over iemand of iets, zonder dat dit noodzakelijkerwijs gerechtvaardigd is.

WELKE FOUTEN MAG JE NIET MAKEN?

- Het is belangrijk niet agressief of veroordelend te zijn, want dat kan de situatie verergeren.

- Feedback gaat niet tussen twee deuren door, binnen het bereik van kwaadaardige oren.

- Maak er geen monoloog van die de ander belet tussenbeide te komen en zijn mening of gevoelens te uiten. Vergeet niet dat feedback constructief moet zijn en niet bestraffend. Het is absoluut noodzakelijk elke dubbelzinnigheid weg te nemen om verkeerde interpretaties te voorkomen.

- Baseer uw boodschap niet op meningen of algemeenheden van anderen; geef de voorkeur aan duidelijkheid en onweerlegbaarheid van feiten.

IK VIND HET MOEILIJK OM KRITIEK TE AANVAARDEN, HOE KAN IK GOEDE FEEDBACK KRIJGEN?

Om positieve feedback te ontvangen, moet je ontvankelijk en open zijn. Luister goed naar wat de ander wil zeggen. Wees niet defensief, want dat zal je geen goed doen. Zo nodig kunt u dingen verduidelijken en om opheldering van de feiten vragen.

DE BETROKKENE IS ERG GEVOELIG, DUS HOE KRIJG JE HEM ZOVER DAT HIJ DE FEEDBACK ACCEPTEERT?

- Als de persoon met wie u praat erg gevoelig is, is het een goed idee om vertrouwen te wekken en hem of haar op een neutrale, maar empathische toon gerust te stellen over het doel van de feedback. Herinner hen eraan dat de feedback geen negatieve kritiek of oordeel is, maar af en toe een opbouwende opmerking

om hen te helpen verbeteren. De feedback moet hem/
haar bewust maken van zijn/haar sterke en zwakke
punten en zijn of haar potentieel voor verbetering. Leg
duidelijk de gevolgen van hun gedrag en uw verwachtingen uit en laat hen hun gevoelens uiten, zodat zij
zich gehoord en begrepen voelen. Vraag hen verbeter-
punten aan te dragen. Als zij zelf oplossingen aandra-
gen, zullen deze gemakkelijker worden aanvaard.

 **BLIJF POSITIEF.**

Wees positief, begripvol en bemoedigend. Een goede
leider is een verantwoordelijk leider, die zijn of haar
team stimuleert om te groeien door inspanningen te
meten en te belonen.

HOE WEET IK ZEKER DAT MIJN FEEDBACK EFFECTIEF IS GEWEEST?

Een follow-up van de met uw tegenhanger vastgestelde
verbeteringsacties is noodzakelijk om ervoor te zorgen
dat er een veranderings- of evolutieproces op gang
komt. Het effect van feedback is op lange termijn
zichtbaar.

KUNNEN ALLE ONDERWERPEN IN EEN FEEDBACK WORDEN BEHANDELD?

- Niet alles kan tijdens de feedback worden besproken.
  Het is bijvoorbeeld niet raadzaam om te praten
  over de persoonlijke situatie van de ander of over

mogelijke psychische problemen. Dit kan leiden tot wrok bij de ander en zo de situatie verergeren. Bovendien kan afgaan op elementen uit het privéle- ven van anderen je tot verkeerde conclusies brengen.

HET IS AAN JOU!

OEFENING

Lees en analyseer de volgende feedback:

> DE OVERSTE – Hallo Paul, ik heb je iets te vertellen, kom in mijn kantoor.
>
> DE WERKNEMER – Hallo meneer de directeur, ja natuurlijk.... Is er een probleem?
>
> DE OVERSTE – Ik heb vernomen dat uw interventie op de marketingvergadering nogal ongepast was, ik hoop dat dit niet meer zal gebeuren!
>
> WERKNEMER – Over welke interventie heb je het?
>
> SUPERIOR – Ik verwijs naar uw opmerking over het nieuwe concept geïntroduceerd door uw collega's in Parijs.
>
> DE WERKNEMER. Ik wilde er alleen op wijzen dat er enkele fouten waren...
>
> DE OVERSTE – De fout was de manier waarop je jezelf toestond hen te bekritiseren! Je hebt onze professionele relatie met het Engelse team verpest! Ik bedank je daar niet voor. Laat het niet weer gebeuren. Je kunt vertrekken en weer aan het werk gaan.

- Wat voor soort feedback is dit?

- Is dit effectieve feedback? Ga verder met je antwoord.

- Is de houding van de lijnmanager gepast en gerechtvaardigd? Leg uit.

- Eindigt de feedback met een positieve noot?

- Wat moet er volgens u veranderd worden om de feedback constructief te laten zijn?

OM VERDER TE GAAN

BIBLIOGRAFISCHE BRONNEN

"Definitie van het Johari-venster van Luft Ingham", in *LeDicoDuMmarketing.fr*, geraadpleegd op 30 juli 2015.
http://www.ledicodumarketing.fr/definitions/fenetre-de-johari-de-luft-ingham.html

"Feed-back", in *Larousse.fr*, geraadpleegd op 25 augustus 2015.
http://www.larousse.fr/dictionnaires/francais/feedback/33157

"Maslow's behoeftepiramide", in *PsychologueDuTravail.com*, 2009, geraadpleegd op 30 juli 2015.
http://www.psychologuedutravail.com/?s=pyramide+van+a

Noyé (Didier), *Donner et recevoir du feed-back : la reconnaissance et du recadrage*, Parijs, Julhiet Éditions, 2012.

STONE (Douglas) en HEEN (Sheila), *Thanks For The Feedback: The Science And Art Of Receiving A Feedback Well*, New York, Penguin Group, 2014.

WHITMORE (John), *A Guide to Coaching*, Parijs, Maxima, 2008.

AANVULLENDE BRONNEN

52 tips om uit te kiezen. Feedback geven en ontvangen, Tarsul, Mieux-Apprendre, 2014.

Gautier (Bénédicte) en Vervish (Marie-Odile), *Le Manager Coach*, Parijs, Dunod, 2008.

Pohu (Gilles), *feedback. L'harmonie in de relaties*, Salaberry-de-Valleyfield, Marcel Broquet, 2014.

We horen graag van u! Laat
een reactie achter op jouw online bibliotheek
en deel je favoriete boeken op social media!

Master ISBN: 9782808604635
Papier ISBN: 9782808605847
Wettelijk depot: D/2023/12603/11

Digitaal ontwerp: Primento,
de digitale partner van uitgevers.